BEI GRIN MACHT SICH IHR WISSEN BEZAHLT

- Wir veröffentlichen Ihre Hausarbeit, Bachelor- und Masterarbeit
- Ihr eigenes eBook und Buch - weltweit in allen wichtigen Shops
- Verdienen Sie an jedem Verkauf

Jetzt bei www.GRIN.com hochladen und kostenlos publizieren

Bibliografische Information der Deutschen Nationalbibliothek:

Die Deutsche Bibliothek verzeichnet diese Publikation in der Deutschen Nationalbibliografie; detaillierte bibliografische Daten sind im Internet über http://dnb.d-nb.de/ abrufbar.

Dieses Werk sowie alle darin enthaltenen einzelnen Beiträge und Abbildungen sind urheberrechtlich geschützt. Jede Verwertung, die nicht ausdrücklich vom Urheberrechtsschutz zugelassen ist, bedarf der vorherigen Zustimmung des Verlages. Das gilt insbesondere für Vervielfältigungen, Bearbeitungen, Übersetzungen, Mikroverfilmungen, Auswertungen durch Datenbanken und für die Einspeicherung und Verarbeitung in elektronische Systeme. Alle Rechte, auch die des auszugsweisen Nachdrucks, der fotomechanischen Wiedergabe (einschließlich Mikrokopie) sowie der Auswertung durch Datenbanken oder ähnliche Einrichtungen, vorbehalten.

Impressum:

Copyright © 2016 GRIN Verlag, Open Publishing GmbH
Druck und Bindung: Books on Demand GmbH, Norderstedt Germany
ISBN: 9783668475953

Dieses Buch bei GRIN:

http://www.grin.com/de/e-book/370062/grundarten-von-verantwortung-ein-ueberblick

Luisa Wittenbrink

Grundarten von Verantwortung. Ein Überblick

GRIN Verlag

GRIN - Your knowledge has value

Der GRIN Verlag publiziert seit 1998 wissenschaftliche Arbeiten von Studenten, Hochschullehrern und anderen Akademikern als eBook und gedrucktes Buch. Die Verlagswebsite www.grin.com ist die ideale Plattform zur Veröffentlichung von Hausarbeiten, Abschlussarbeiten, wissenschaftlichen Aufsätzen, Dissertationen und Fachbüchern.

Besuchen Sie uns im Internet:

http://www.grin.com/

http://www.facebook.com/grincom

http://www.twitter.com/grin_com

Universität Lüneburg
Modul: Personen- und organisationsbezogene Methoden
Sommersemester 2016
Ausarbeitung des Referates

„Was ist Verantwortung?"

Seminar: Personalverantwortung in sozialen Berufen
Abgabedatum: 19.08.16

Luisa Wittenbrink
Studiengang: Berufliche Bildung in der Sozialpädagogik (B.A.)
Fachsemester: 3

Inhaltsverzeichnis

Einleitung 3
Hauptteil 4
   1. Was ist Verantwortung? 4
   2. Die drei Grundarten der Verantwortung 7
      2.1   Selbstverantwortung 7
      2.2   Soziale Verantwortung 8
      2.3   Religiöse Verantwortung 9
Zusammenfassung 11
Literaturverzeichnis 12

Abbildungsverzeichnis

Tabelle 1: Verantwortungstypen 6

Einleitung

Der Begriff „Verantwortung" umfasst ein weites Feld und ist dementsprechend schwierig zu definieren. In der heutigen pluralistischen Gesellschaft werden Ursachen von sowohl privaten als auch öffentlichen, wie etwa politischen, Problemen oftmals der Verantwortung beziehungsweise fehlenden Verantwortung zugeschrieben. Der Begriff an sich wird somit im alltäglichen Sprachgebrauch immer wieder angewandt und es scheint auch jede Person etwas mit dem Begriff anfangen zu können, also zu verstehen, was damit gemeint ist. Dennoch ist es schwierig auf eine einheitliche Definition für „Verantwortung" zu kommen.

Wird sich genauer mit dem Begriff auseinandergesetzt, fällt auf, dass die Verwendbarkeit mit dem jeweiligen Kontext in Verbindung steht. So reden Eltern vor ihren Kindern von einer anderen Verantwortung, als es beispielsweise Politiker*innen oder Lehrer*innen tun. Genauso geht es dabei um das „sich verantworten", wobei je nach Situation unterschiedliche Instanzen auftreten, vor denen sich die Person „verantworten" muss. Verantwortung bezieht sich also nicht nur auf eine Person, sonder vielmehr auf eine Handlung zwischen unterschiedlichen Instanzen.

Folgender Text ist eine Ausarbeitung eines Referates zum Thema Verantwortung. Somit werden die Referatsinhalte aufgegriffen und genauer beschrieben. Da das Thema „Verantwortung" für eine achtseitige Ausarbeitung zu kompakt und vielfältig ist, wird sich im Folgenden auf das mutmaßlich Wichtigste beschränkt. Dabei wird sich mit dem Versuch einer Definition, sowie mit drei Grundarten von Verantwortung befasst.

Hauptteil

1. Was ist Verantwortung?

Durchsucht man die Literatur zum Thema „Verantwortung" fällt zunächst auf, dass der Begriff zwar in den verschiedensten Themengebieten gebraucht wird, dennoch nirgends eine genaue Definition zu finden ist. Um sich dem Begriff anzunähern ist somit zunächst nötig verschiedenen Bedeutungen zu vergleichen.

> *„Im Begriff der [Verantwortung] reflektiert die Philosophie […] dass der Mensch mit der Fähigkeit ausgestattet ist sowohl zur vernünftigen Beherrschung der Welt als auch zur Wahl von praktischen Handlungen […] die sich mit dem Bewusstsein bestimmter Verpflichtungen realisieren."*[1]

Aus philosophischer Sicht wird also vorausgesetzt, dass der Menschen zum eigenständigen Denken und daraus resultierendem Handeln fähig ist. Verantwortung beschreibt dabei das Auseinandersetzen mit möglichen Konsequenzen des eigenen Handelns und die Abwägung derer, bevor man die Handlung aktiv durchführt. Dabei kann sowohl gemeint sein, sich vor der eigenen Instanz zu verantworten, also Konsequenzen hinzunehmen, sowie auch das Verantworten vor äußeren Instanzen wie der Gesellschaft. Verantwortung ist also abhängig von Instanzen, die in das Geschehen involviert sind.

In der Rechtswissenschaft wird der Begriff hingegen auf die handelnde Person beschränkt. Hier geht es vorrangig um die „Zurechnungsfähigkeit einer Tat zum freien Entschluss eines Täters"[2] Es wird weniger der Frage, wer sich vor wem rechtfertigen muss, als vielmehr der Frage, ob sich die Person tatsächlich verantworten kann und muss oder nicht, nachgegangen. Der Fokus liegt auf dem*der Akteur*in alleine. War er*sie im Moment der Handlung zurechnungsfähig, also konnten die Konsequenzen abgewägt werden und konnte nach freiem Willen entschieden werden, was getan oder unterlassen wird, so muss er*sie sich für die Tat verantworten und zudem je nach Gesetzeslage eine Strafe verbüßen.

Alltagssprachlich bezeichnet Verantwortung meist „[eine] generelle Verpflichtung zur Erfüllung von Erwartungen an die an einer Interaktion partizipierenden Person"[3]. Gemeint ist dabei, dass bei Tätigkeiten, an denen mehrere Personen beteiligt sind, die Aufgaben, die übernommen wurden, und dessen Erfüllung dementsprechend erwartet wird, gewissenhaft und gemäß den Erwartungen vollendet werden.

---

[1] Sandkühler (1990): 690
[2] Ebd.
[3] Ebd.

Um sich einer allgemeinen Definition von Verantwortung anzunähern ist zunächst der Begriff an sich zu betrachten. „Verantwortung" kommt aus dem mittelhochdeutschen „verantwürten" was so viel bedeutet, wie sich vor jemandem oder etwas zu verteidigen. Gleichzeitig steckt in dem Wort das Verb „antworten", was auf einen Dialog hinweist sowie einen Vorwurf oder eine Frage voraussetzt, die beantwortet wird. Verantwortung bezieht sich demnach auf eine Aktion oder Handlung.

Anhand der unterschiedlichen Aspekte von Verantwortung lässt sich zunächst bestimmen, dass der Mensch selbst als Träger der Verantwortung gesehen wird.[4] Im Gegensatz zur Natur verfügt der Mensch über Selbstbestimmung seines Handeln, während die Natur „immanenten Gesetzen und Regelhaftigkeiten"[5] folgt. Gleichwohl muss hier ein Unterschied zwischen dem erwachsenen Menschen und dem Neugeborenen gemacht werden. So wird davon ausgegangen, dass der Mensch den Unterschied zwischen Gut und Böse erst im Zuge der kulturellen Entwicklung erlernt[6]. Die Wertevorstellungen werden jedem Kind erst im Laufe der Jahre beigebracht und so wird auch erst nach einiger Zeit ein Verantwortungsbewusstsein erwartet. Der Mensch als ein moralisches Wesen lernt erst mit der Zeit Verantwortung zu übernehmen, welche sich demnach auf die Wertevorstellungen jeder einzelnen Person stützt. Warum der Begriff der Verantwortung so schwierig zu erfassen ist kann also darauf zurückzuführen sein, dass jede Person mit ihrer subjektiven Sichtweise anders mit den vorgegebenen Werten und Normen umzugehen weiß. Zudem stellen die vielzähligen Kulturen und Gesellschaften unterschiedliche Werte in den Fokus, weswegen die Moral auf unterschiedlichen Vorstellungen beruhen kann.

Wird davon ausgegangen, dass der Mensch als „moralisches Subjekt"[7] selbst Träger der Verantwortung ist, ist zu klären unter welchen Bedingungen von Verantwortung gesprochen werden kann. Verantwortung ist dabei kein „einfaches, sondern ein komplexes Phänomen, das […] sich aus den Erfordernissen der menschlichen Kooperation [, einer] spezielle[n] kulturelle[n] Umwelt[…] und einer Transformation im Selbstverständnis von Personen [ergibt]"8. Es besteht also eine kulturelle und gesellschaftliche Voraussetzung, aus der Verantwortung hervorgeht. Dabei kann sie sowohl „Ergebnis einer Selbstverpflichtung [als auch] sozialer Zuschreibung"[9] sein, also an die eigene Person gestellt oder durch äußere Einflüssen eingefordert werden.

---

[4] Vgl. Kaufmann (1992): 40
[5] Ebd.
[6] Ebd.
[7] Kaufmann (1992): 41
[8] Lotter (2012): 247
[9] Kaufmann (1992): 41

Das handelnde Subjekt bleibt dabei nicht die einzige Instanz, die bei der Definition von Verantwortung zu betrachten ist. Der deutscher Technikphilosoph Günter Ropohl stellte 1994 eine Übersicht über Verantwortungstypen auf, wonach die Komponenten Akteur*in, Handlung, Zeitpunkt, Instanz, Werte und Folgen von Bedeutung sind.

Morphologische Matrix der Verantwortungstypen nach Ropohl 1994			
	(1)	(2)	(3)
(A) Wer verantwortet	Individuum	Korporation	Gesellschaft
(B) Was	Handlung	Produkt	Unterlassung
(C) Wofür	Folgen voraussehbar	Folgen unvoraussehbar	Fern- und Spätfolgen
(D) Weswegen	moralische Regeln	gesellschaftliche Werte	staatliche Gesetze
(E) Wovor	Gewissen	Urteil anderer	Gericht
(F) Wann	vorher: prospektiv	momentan	nachher: retrospektiv
(G) Wie	aktiv	virtuell	passiv

Tabelle 1: Verantwortungstypen [10]

Die Tabelle ist dabei horizontal zu lesen, die Begriffe vertikal zueinander lassen sich nicht notwendigerweise zuordnen. Nach Ropohl kann die Verantwortung übernehmende Instanz sowohl eine einzelne Person als auch eine Gruppe von Menschen oder sogar eine Gesellschaft sein. Hinzuzufügen ist, dass „Sippenhaft und Kollektivschuld […] generell abgelehnt [werden]"[11], somit muss auch innerhalb einer Gruppe jede Person eigenständig Verantwortung für das Handeln übernehmen. Des Weiteren führt Ropohl auch Unterlassung als Gegenstand der Verantwortung an. Gemeint ist hier, dass auch dadurch, etwas nicht zu tun, Folgen entstehen, denen der*die Akteur*in sich bewusst sein sollte, etwa wie die Unterlassung von Hilfeleistung, nach welcher man sich nach dem Strafrecht mitschuldig macht. Die Punkte E und D nach Günter Ropohl beziehen sich auf die Instanzen, vor welchen man sich rechtfertigen muss. Je nachdem ob man ein Gesetz oder einen moralischen Wert missachtet hat, muss man sich gegebenenfalls nur vor sich selbst, oder aber auch vor der Gesellschaft rechtfertigen. Hier unterscheiden wir in drei Grundarten der Verantwortung.

---

[10] Ropohl (1995): 30
[11] Kaufmann (1992): 41

2. Die drei Grundarten der Verantwortung

2.1 Selbstverantwortung

Die Selbstverantwortung beschreibt die Verantwortung, die der*die Akteur*in vor der eigenen Person hat. Man rechtfertigt sich demnach nicht vor anderen Menschen, sondern vor dem eigenen Gewissen. Die Selbstverantwortung ist eine „von Natur aus bestehende Verantwortung […], von keiner vorherigen Zustimmung abhängig, unwiderruflich und unkündbar."[12] So wird der Mensch mit einem Gewissen geboren und lernt im Laufe seiner kulturellen Entwicklung damit umzugehen und so zu handeln, dass für das eigene Wohl gesorgt ist, ohne in einen moralischen Zwiespalt zu gelangen. Dabei wird jede Entscheidung mit der eigenen Person, dem eigenen Ego diskutiert und getroffen. Als Handlungsrahmen dienen hierbei moralische Werte, die die Person verinnerlicht hat. Zwar sind solche Werte- und Normvorstellungen meist mit von der Gesellschaft vorgegeben und durch das engere Umfeld der Mitmenschen angenommen worden, dennoch werden sie vom eigenen Gewissen unterschiedlich gewertet, was sich wiederum abweichend auf das Handeln auswirken kann. Bei der Frage der Verantwortung geht es jedoch nicht darum, Folgen des eigenen Handelns vorhersehen zu können, sondern darum „dass ein Gefühl dafür entwickel[t wird], welche möglichen Konsequenzen sich aus einer gegebenen Situation entwickeln *können*."[13] Verantwortlich handeln bedeutet demnach, die möglichen Konsequenzen abzuwägen und solche, die „unabhängig von der Wahrscheinlichkeit ihres Eintretens nicht mehr akzeptabel erscheinen"[14] durch das eigene Handeln zu vermeiden.

Die Selbstverantwortung geht zunächst mit vielen Freiheiten einher, ist jedoch daran gebunden, dass niemand sonst als die eigene Person in die möglichen Konsequenzen des Handelns oder Unterlassens involviert ist. Der Mensch entscheidet pro se, also für sich selbst, und steht demnach für sein Handeln und dessen Folgen ein. Sobald jedoch weitere Menschen in Mitleidenschaft gezogen werden könnten, gilt die Selbstverantwortung nicht mehr alleine, denn anderen Personen dasselbe zuzumuten wie der eigenen Person ist ethisch nicht vertretbar.[15] Hier greift zusätzlich die Soziale Verantwortung.

---

[12] Jonas (2003): 178
[13] Dürr (1995): 202
[14] Dürr (1995): 203
[15] Vgl. Dürr (1995): 203

2.2 Soziale Verantwortung

Die Soziale Verantwortung ist eine „durch Erteilung und Annahme eines Auftrages instituierte [Verantwortung]"[16], die aus der Interaktion mit anderen Personen entsteht. Wirkt sich eine Handlung, beziehungsweise die Konsequenz dieser, auf das Umfeld aus, so hat der*die Akteur*in der Handlung auch dafür Verantwortung zu tragen, muss dementsprechend im Vorfeld sein*ihr Handeln abwägen. Im Gegensatz zu der Selbstverantwortung, bei welcher sich nur vor der eigenen Person gerechtfertigt wird und nicht zwanghaft negative Folgen durch andere Instanzen zu erwarten sind, steht bei der Sozialen Verantwortung der Verantwortungsbegriff oftmals mit dem der Schuld in Verbindung. Dabei wird erwartet, dass „der angerichtete Schaden [...] gutgemacht [wird], auch wenn die Ursache keine Übeltat war [und] die Folge weder vorhergesehen noch beabsichtigt war."[17] Also ist die erwünschte Folge und mit welcher Genauigkeit diese prophezeit wurde unerheblich; sobald gehandelt wird muss für die Konsequenz eingestanden werden.

In verschiedenen Disziplinen wird dabei unterschiedlich mit der Verantwortungs- sowie der Schuld- und Wiedergutmachungsfrage umgegangen. Strafrechtlich wird ein moralischer Schuldvorwurf vorausgesetzt[18], also geprüft ob der rechtswidrig handelnde Mensch auch anders hätte handeln können. Wenn dem so ist, wird ihm die Schuld zugesprochen und er hat die Verantwortung zu tragen und Wiedergutmachung zu leisten, egal ob „der[*die] einzelne sich zu dieser Verantwortung bekennt oder nicht."[19]

Nach Prinzip der Aufgabenverantwortung geht es zunächst darum übernommene Aufgaben „angemessen" zu erfüllen, also den Erwartungen Dritter gerecht zu werden. Die verbreitetste Form stellt ein Vertrag dar[20]. Hier sind zwei Parteien an Bedingungen und Pflichten gebunden. Gleichzeitig enthält „die Übernahme [...] ein Element der Wahl, von der ein Rücktritt möglich ist"[21]. Bei beispielsweise Arbeitsverträgen kommt hinzu, dass der „Vorgesetzte generell die Ursächlichkeit der Untergebenen in seiner Person vereinigt"[22], das heißt, sowohl Lob als auch Tadel für die Folgen der Handlungen der Mitarbeiter*innen durch Dritte gehen zunächst an den*die Vorgesetzte*n. Als Vorgesetzte*r trägt man Verantwortung für seine Angestellten sowie deren Taten, ist damit also doppelt verantwortlich. Wichtig bei der Aufgabenverantwortung ist jedoch, dass es dabei nicht um alle Aufgaben geht, sondern

---

[16] Jonas (2003): 178
[17] Jonas (2003): 172
[18] Vgl. Kaufmann (1992): 42
[19] Ebd.
[20] Vgl. Kaufmann (1992): 44
[21] Jonas (2003): 178
[22] Jonas (2003): 172

nur „verantwortungsvolle Aufgaben", also solche, „bei denen eine bloße Pflichterfüllung nicht genügt [sondern] deren Lösung typischerweise nicht im Voraus feststeht [...] [und] einen Handlungsspielraum auf Seiten des Verantwortungsträgers [vorausgesetzt]"[23]. Somit entscheidet sich auch durch die Qualifikation und das Zutrauen Anderer in eine Person die Zuweisung von Verantwortung.

Vergleichbar mit der Aufgabenverantwortung ist die politische Verantwortung, da diese ebenfalls nicht nur eine „individuelle, sondern auch eine stellvertretende Verantwortung für Dritte beinhaltet"[24]. Dabei geht hier das „Verantwortung übernehmen" über das rechtmäßige Regieren und befolgen der Aufgaben und Pflichten, also auch des Nicht-Missbrauchs des politischen Amtes, hinaus, sondern es wird auch Erfolg erwartet, ohne welchen den amtierenden Politiker*innen schnell die Verantwortung und somit die politische Position entzogen werden kann.[25]

Generell bezieht sich Soziale Verantwortung „auf getane Taten [...] und [wird] in Verantwortlichmachung von außen real"[26], denn erst wenn Verantwortung erwartet wird, kann sie auch übernommen werden.

2.3 Religiöse Verantwortung

Als dritte Grundverantwortung gilt die Religiöse Verantwortung. Hier stützen sich die Entscheidungen und Handlungen auf die Heilige Schrift der zugehörigen Religion oder Glaubensgemeinschaft, wobei „ursprüngliche und letztgültige Form, vor dem der Mensch sich zu verantworten hat, [...] Gott [ist]"[27]. Durch den Glauben an eine höhere Macht wird die Verantwortung für Mitmenschen und die eigene Person nicht ersetzt, kann aber eine hohe Bedeutung in der Entscheidungsfindung eines Menschen haben. Orientiert wird sich dabei an den Ausführungen der Heiligen Schrift, beispielsweise im Christentum an den zehn Geboten. Befolgt man diese nicht, fühlt sich der*die Akteur*in gegebenenfalls verpflichtet, sich vor Gott zu verantworten und Buße zu tun. Verantwortung aus christlicher Sicht meint „die zusammengefasste Ganzheit und Einheit der Antwort auf die [...] in Christus gegebene Wirklichkeit"[28]. Das Leben wird also nach den Inhalten der Religion ausgelegt und gelebt. Interessant ist hierbei, dass ein deutlicher Unterschied zwischen der Verantwortung vor und

---

[23] Kaufmann (1992): 45
[24] Kaufmann (1992): 44
[25] Vgl. ebd.
[26] Jonas (2003): 173
[27] Huber (1990): 143
[28] Bonhoeffer (1992): 236

der Verantwortung für jemanden gemacht wird. Im Christentum ist dabei eine Doppelthese zu erkennen, wonach der Mensch frei in allen Entscheidungen und allem Handeln ist, da er sich nur vor Gott und nicht seinen Mitmenschen verantworten und rechtfertigen muss. Gleichzeitig ist es gehindert in seiner Entscheidungsfreiheit, stellt er sich unter den Vorbehalt der Nächstenliebe und trägt Verantwortung für seine Mitmenschen.[29]

---

[29] Vgl. Huber (1990): 149

Zusammenfassung

An den Begriff der Verantwortung kann man sich aus verschiedenen Disziplinen unterschiedlich annähern. Der Wortherkunft nach bedeutet es jedoch immer, dass eine handelnde Person auf einen Vorwurf hinsichtlich der Erfüllung oder Nichterfüllung ihrer Pflichten antwortet. Dabei bezieht sich der Begriff an sich zunächst „nicht auf bestimmte Pflichten, sondern nur auf die Verpflichtungsfähigkeit des Subjektes an sich. […] Das Wofür der Verantwortung geht aus dem ethischen Verantwortungsbegriff nicht hervor."[30] Die weiteren Instanzen wie Handlung, Zeitpunkt, Werte und Folgen, die auf das Sich-Verantworten einwirken, können erst im Zusammenhang mit einem Kontext geklärt werden.

„Verantwortung [bedeutet] Rechenschaftspflicht gegenüber Dritten […], die entweder aufgrund einer Selbstverpflichtung oder aufgrund sozialer, insbesondere rechtlicher Zuschreibungen entsteht."[31] Als Instanz, vor der der*die Akteur*in sich zu verantworten hat kann dabei sowohl nur die eigene Person, eine größere Gruppe, eine ganze Gesellschaft oder sogar ein Gott stehen. Generell kann Verantwortung als Vorbedingung der Moral, aber noch nicht selbst Moral[32] gesehen werden. Im verantwortlichen Handeln wirken die erlernten und verinnerlichten moralischen Werte des Menschen, somit bewirkt Moral Verantwortung und wird zudem vom verantwortlichen Handeln gestärkt.

---

[30] Kaufmann (1992): 41f.
[31] Kaufmann (1992): 46
[32] Jonas (2003): 174

Literaturverzeichnis

Bonhoeffer, Dietrich (1992): Ethik. Gütersloh: Gütersloher Verlagshaus

Dürr, Hans-Peter (1995): Wie offen ist die Zeit? – Die Verantwortung für unsere Zukunft. In Weis, Kurt (1995) Was ist Zeit? – Zeit und Verantwortung in Wissenschaft, Technik und Religion. München: Deutscher Taschenbuch Verlag GmbH & Co. KG

Huber, Wolfgang (1990): Konflikt und Konsens – Studien zur Ethik der Verantwortung. München: Chr. Kaiser Verlag

Jonas, Hans (2003): Das Prinzip der Verantwortung. Ulm: Suhrkamp Taschenbuch Verlag

Kaufmann, Franz-Xaver (1992): Der Ruf nach Verantwortung – Risiko und Ethik in einer unüberschaubaren Welt. Freiburg im Breisgau: Verlag Herder

Lotter, Maria-Sibylla (2012): Scham, Schuld, Verantwortung – Über die kulturellen Grundlagen der Moral. Berlin: Suhrkamp Verlag

Ropohl, Günter (1994): Das Risiko im Prinzip Verantwortung. In: Ethik und Sozialwissenschaften (2003). Würzburg: Königshausen & Neumann

Sandkühler, Hans Jörg (Hrsg.) (1990): Europäische Enzyklopädie zu Philosophie und Wissenschaften. Bd. 4. R - Z. Hamburg: Felix Meiner Verlag GmbH

BEI GRIN MACHT SICH IHR WISSEN BEZAHLT

- Wir veröffentlichen Ihre Hausarbeit, Bachelor- und Masterarbeit

- Ihr eigenes eBook und Buch - weltweit in allen wichtigen Shops

- Verdienen Sie an jedem Verkauf

Jetzt bei www.GRIN.com hochladen und kostenlos publizieren